M.J. Mahringer

Berg- und Talfahrten

novum pro

www.novumverlag.com

Bibliografische Information
der Deutschen Nationalbibliothek:

Die Deutsche Nationalbibliothek
verzeichnet diese Publikation in
der Deutschen Nationalbibliografie.
Detaillierte bibliografische Daten
sind im Internet über
http://www.d-nb.de abrufbar.

Alle Rechte der Verbreitung,
auch durch Film, Funk und Fernsehen,
fotomechanische Wiedergabe,
Tonträger, elektronische Datenträger
und auszugsweisen Nachdruck,
sind vorbehalten.

© 2015 novum Verlag

ISBN 978-3-99048-063-2
Lektorat: Kim Klober, BA
Umschlagfoto:
Pitch Kreangkriwasin | Dreamstime.com
Umschlaggestaltung, Layout & Satz:
novum Verlag
Innenabbildungen:
M.J. Mahringer (10)

Gedruckt in der Europäischen Union
auf umweltfreundlichem, chlor- und
säurefrei gebleichtem Papier.

www.novumverlag.com

Wanderungen waren nicht selten die Quellen, aus denen die Reime entstanden sind. Die von mir als Berggedichte bezeichneten Reime sind aber – wie natürlich viele andere Gedichte auch – keinesfalls ganz ernst zu nehmen.

In anderen Abschnitten geht es um Reisen, um Historisches, aber auch um Gedanken, die ich mir manchmal einfach so machte. Manches ist auch einfach Unsinn. Ich hoffe aber, dass man bei der Lektüre der Gedichte gelegentlich auch ein bisschen lachen oder schmunzeln kann.

Zwei Gedichte sind im oberösterreichischen Dialekt geschrieben, die meisten aber doch in deutscher Schriftsprache.

1. Berggedichte

Berg- und Talfahrten

Zunächst da sucht man sich einmal
eine Station im Tal,
hinauf zu gehen ist zu weit,
dazu braucht man zu viel Zeit.

Drum nehmen wir die Gondelbahn
und fahren rauf, soweit man kann,
eine Alm, die gibt's dann oben,
dort kann man dann die Seilbahn loben,

die uns ohne Müh und Plag
an diesem wunderschönen Tag
diesen Anblick hat geschenkt,
wohin man seinen Blick auch lenkt.

Man sieht ganz weit auch in die Ferne
und das macht ein jeder gerne,
besonders schön sind doch die Täler,
besonders die welche auch schmäler.

Schön ist's da unten, hört man sagen,
ob sich diese Leute fragen,
was hat mich denn heraufgetrieben,
wär ich unten doch geblieben.

Und so kommt's, wie's kommen muss,
hinunter gehen wir jetzt zu Fuß,
denn schließlich will man sich bewegen,
um den Kreislauf anzuregen.

Vielleicht sehen wir ein Murmeltier,
Gams oder einen Steinbock hier,
gesehen hab ich die Alpenrose
bevor ich mir zerriss die Hose.

Ein spitzer Ast ist schuld daran,
dass ich mich jetzt schämen kann.

Unten suchten wir ganz schnell
die Seilbahn wieder auf der Stell,
nur um dem Liftwart dort zu sagen,
dass wir hatten große Plagen.

Das nächste Mal wir talwärts schweben,
dazu gibt's die Seilbahn eben.

Vor etlichen Jahren fuhren wir mit der Pyhrnbahn von Linz aus nach Süden. Zufällig saß ein Landesbediensteter, ein Leiter einer allerdings anderen Abteilung unseres Amtes, im gleichen Waggon. Sein Name endet zwar tatsächlich auf „-reiter", der erste Teil des Namens „Hinauf" stimmt so nicht. So heißt glaub ich keiner.

Bergausflug

„Heute ist das Wetter heiter",
also sprach ein ganz Gescheiter
hoher Großabteilungsleiter,
Behördenhofrat Hinaufreiter.

In die Berge fährt er weit und weiter,
steigt hinauf ganz ohne Leiter,
auf dem Gipfel dann noch schreit er:
„Ich an gar nichts mehr noch scheiter!"

Fliegt hinab im Paragleiter,
nach dem Sturz fließt Blut und Eiter,
Häuser die sind weit und weiter,
doch er ist ein großer Fighter.

Von den Stricken sich befreit er,
sagt zum Helfer – ein Gefreiter –,
solche Fluggeräte meid' er.

Im Büro dann wieder Leiter,
diktiert sogleich dann den Bescheid er,
zu verbieten diese Gleiter.

Das Gipfelbuch

Kaum haben wir den Berg erklommen,
sind ganz oben angekommen,
heißt es schon: „Michi such,
such ganz schnell das Gipfelbuch.

Und dann schreib auch was hinein,
etwas länger soll es sein,
ein paar Verse oder was …"
und das macht ihr richtig Spaß.

Ich würde lieber etwas rasten,
mich befreien von den Lasten,
schauen in das Tal hinunter,
doch sie ist jetzt plötzlich munter

und sie will es auch nicht merken,
dass ich möchte mich jetzt stärken,

nein, sie bringt es schon herbei,
mein Bedürfnis – einerlei,
liest mir vor aus diesem Buche,
nach dem Bleistift auf der Suche,

doch ich beiß nur in mein Brot
und die Tomate, die ist rot,
doch sie gibt den Bleistift mir –
ich schreib „Dorli, Michi … waren hier."

In den Bergen

Da haben mir die Dohlen
die Wurst vom Brot gestohlen,
sie wieder mir zu holen,
das wird mir nicht empfohlen.

Im felsigen Gelände,
sieh diese steilen Wände,
ich hab ja doch nur Hände,
die Wurst ich nie mehr fände.

Das trockne Brot,
es schmeckt zur Not,
zumindest bei dem Abendrot,
das sich da unsern Blicken bot.

Ein Morgen in den Bergen

Gerade hat der Tag begonnen
und vom Traume inspiriert,
sieht der Mensch vom Schlaf versonnen,
die Welt ganz wunderbar verziert.

Denn wie Edelsteine funkeln,
auf den Wiesen Tropfen Tau
und nach der Nacht der dunkeln,
strahlt der Himmel jetzt in Blau.

Noch ist gar kein Laut zu hören,
den nicht die Natur hervorgebracht
und es wird wohl niemand stören,
wenn sie schon ihr Konzert jetzt macht.

Laut ist wohl die wilde Ache,
die herabkommt von dem Berg,
und das Murmeltier das wache,
pfeift ganz laut der kleine Zwerg.

2. Fern und Nah

Teneriffa

Das Bild, das ist von den Kanaren,
wo wir auch schon einmal waren,
man sieht den Teide, den Vulkan,
wir waren auch schon näher dran.

Afrika

Über die Stepp' ein Zebra lief,
der Löwe noch im Schatten schlief,
die Sonne brennt auf Wüstensand,
trocken, karg – so ist das Land.

Die Gnus, die zieh'n mit großem Stauben,
das Zebra hört man leise schnauben,
die Steppe, die wirkt braun, verbrannt,
schon viel sind sie herumgerannt.

Der Löwe ist jetzt aufgewacht,
hat sich auf seine Pirsch gemacht,
ein Tier zu töten ist sein Streben,
das Zebra schon rennt um sein Leben.

Der Löwe springt und packt's am Nacken
und füllt sich bald schon seine Backen,
gesättigt, müd vom schnellen Laufen,
tut er unter einem Baum verschnaufen.

Graz

Ich schlendre gern durch deine Straßen
und wenn ein anderer hier auch schreibt,
es gäbe hier nur Menschenmassen,
ich weiß nicht, wo sich der rumtreibt.

In deinen gastlichen Betrieben
hab ich stets fürstlich gut gespeist,
drum bin ich auch stets gern geblieben
und nicht gleich wieder heimgereist.

Genoss die Schönheit deiner Plätze,
die Altstadt wirklich einzig ist,
die Cafés und deine Schätze,
drum mag ich dich so, wie du bist.

Eine winzige Geschichte meiner Heimatstadt Linz in Reimen. Beim Bürger Sindt, von dem in diesem Gedicht die Rede ist, handelt es sich um Christian Sindt, der 1672 die Wollzeugfabrik gründete. In der damaligen Zeit ein ganz außergewöhnlicher und revolutionärer Betrieb.

Linz

Linz am schönen Donaustrome,
du hast alleine schon zwei Dome,
lang bevor man diese schuf,
hattest du schon besten Ruf.

Kaufleute aus nah und fern
kamen auf deine Märkte gern,
lägest du ganz hoch im Norden
wärst du Hansestadt geworden.

Du warst auch Kaiserresidenz,
für die Stadt war das ein Lenz,
später baute Bürger Sindt
eine Fabrik in Linz geschwind.

Wollzeug wie man's damals nannte,
Textil wie's später jeder kannte,
in ganz Europa gab's noch keine,
nur in Linz dann halt die eine.

Es musste auch in den deinen Mauern,
niemals irgendwer versauern,
denn es gab ganz kluge Leute,
berühmt sind diese ja bis heute.

Linzer war der Kepler nicht,
doch im hellen Linzer Licht
erklärte er die ganze Welt
und wie sich ein Planet verhält.

Auch den Prunner möchte ich nennen,
wenn ihn auch nicht alle kennen,
das Barock war seine Zeit,
da baute er mit Leichtigkeit.

Der Anton Bruckner komponierte
Musik, die weltweit imponierte,
auch der Stifter Adalbert
ist wirklich aller Ehren wert.

Aus Ansfelden ist der eine,
ihr wisst ja sicher wen ich meine,
aus Oberplan der andere,
wohin ich manchmal wandere.

Von Linz ist beides nicht sehr weit,
ich nenne sie aus Eitelkeit,
doch wirkten sie in Linz die beiden,
ihre Nennung war nicht zu vermeiden.

Großartig bist du bis heute,
das sagen wirklich alle Leute,
keiner, den ich hab gefragt,
hat etwas anderes gesagt.

Neuseeland

In Neuseeland möchte ich Wein bau'n
und kaum mehr nach Europa reinschau'n.

Kängurus gibt's dort zwar keine,
dafür umso bessre Weine,

was ja viel, viel besser ist,
weil man nicht nur Esser ist.

Schafe werd' ich ein paar füttern,
dann kann mich gar nichts mehr erschüttern,

ich bleibe dann für immer unten,
hab mich hier genug geschunden.

Dann komm ich endlich von hier raus,
nehm mit mir die Dorli-Maus.

Am Abschlussabend unserer Chinareise war geplant, unserem chinesischen Reiseleiter, der uns fast drei Wochen durch China geführt hatte, ein Ständchen zu singen. Nach der Melodie des Volksliedes „Horch, was kommt von draußen rein" wurde dieses mit dem unten stehenden Text (hier leicht verändert) dann auch tatsächlich dargeboten. Das „jupeiti, jupeita" beziehungsweise „jupei di ei da" muss man sich gegebenenfalls dazu denken. Unser Reiseleiter Zhong Wu hat sich offensichtlich sehr darüber gefreut.

China

Horch, was kommt von draußen rein,
wird wohl unser Zhong Wu sein.
Geht dann früh die Sonne auf
und der Tag nimmt seinen Lauf,

hat uns Wu schon längst geweckt
und uns in den Bus gesteckt,
zeigt uns Peking und den Fluss,
lässt uns geh'n auch viel zu Fuß.

Aus Terrakotta die Armeen,
ein Wunder, dass die heut noch steh'n,
die Mauer, die ist wirklich lang,
da wurd den Feinden sicher bang.

Ja, die Fahrten in der Schlucht
waren wirklich eine Wucht
und die roten Rettungswesten
waren gottlob nur zum Testen.

In den Orten überall
wohnen Leute ohne Zahl,
immer sind's gleich Millionen,
die in diesen Städten wohnen.

Tempel, Klöster und Paläste,
dann einmal nur Mauerreste,
wunderbar auch die Natur,
ich nenne hier den Li Fluss nur.

Unser Reiseführer Wu
ließ uns meistens erst in Ruh,
wenn die Sonn versunken ist
und man vom Schnaps betrunken ist.

Ist es auch nicht angenehm,
wenn der Urlaub nicht bequem,
folgen wir ihm trotzdem gern,
denn wir sind der Heimat fern.

Portugal

Heuer ich zum ersten Mal
war im schönen Portugal.
Es geht nicht um die Nachtigall,
schon eher ums Duorotal.

In Portugal gibt's Wein und Reben
und Kirchen, die zum Himmel streben,
die Neugier die war rasch geweckt,
so wir haben gar viel entdeckt.

In Porto hab ich mich verirrt,
vom Portwein wohl schon ganz verwirrt,
in **Belem**★ bin ich hingefallen,
vorm **Heinrich**★ und den anderen allen.

Die Dorli, die hat mich aufgefangen,
so ist es doch noch gut gegangen,
sonst läg ich jetzt vorm **Magellan**★
und wäre ganz, ganz übel dran.

Die Seefahrer, die trotzten Stürme,
in Portugal da baut man Türme,
die Schätze die sind wirklich groß
und die Baumeister famos.

Gesehen haben wir 'ne Menge,
gab's auch überall Kreuzgänge,
so haben wir dann viel gestaunt,
trotz üblen Wetters gut gelaunt.

★*Seefahrerdenkmal in Belem in/bei Lissabon mit Heinrich dem Seefahrer an der Spitze und portugiesischen Entdeckern wie Vasco da Gama und Weltumsegler Ferdando Magellan.*

3. Aus fernen Zeiten

Der Herr von Theben

In einem früh'ren Leben,
da züchtete ich Reben,
die taten Wein mir geben,
es war ein schönes Leben.

In noch 'nem früh'ren Leben,
da war ich Herr von Theben,
ließ Sklaven Lasten heben,
und andre Kleider weben.

Heut tu ich Marken kleben
und nicht nach Höh'rem streben,
ich war ja Herr von Theben,
was gibt's da noch zu streben
– eben.

Die Geschichte der Linzer Schiffmeisterfamilie Scheibenbogen

Es handelt sich dabei um eine von 1650 bis 1800 tatsächlich in Linz ansässig gewesene Familie, die über mehr als ein Jahrhundert eine Schiffmeisterei betrieb (wohl nichts anderes als ein Transportunternehmen der damaligen Zeit). Der letzte bekannte Scheibenbogen war Händler und in der zweiten Hälfte des 18. Jahrhunderts auch Bürgermeister von Linz.

Klabautermänner gab's nicht mehr,
das ist schon viel, viel länger her,
drum wird es auch nicht geistern
auf Zillen von Schiffmeistern.

Das Leben auf der Donau,
das damals man geführet,
war hart und immer rau,
aus alter Zeit her rühret,

die Geschicht' der Scheibenbogen.
Manches wird ja wahr wohl sein,
doch vieles ist gelogen,
historisch ist's ja nur zum Schein,
drum les es oder lass es sein.

Im siebzehnten Jahrhundert,
da ist keiner jetzt verwundert,
da führt der Weg von Wien nach Linz
für Bürger, Handelsmann und Prinz

gar häufig auf dem Donauweg,
auf beiden Seiten gab's 'nen Steg,
Treppelwege so genannt,
da sind die Pferde mitgerannt.

Stromabwärts war es schwer genug,
ich sag es hier mit Recht und Fug,
ungezähmt der Strom ja war,
gefährlich war es, sehr sogar.

Es war auch unentbehrlich
und bestimmt auch sehr beschwerlich,
stromaufwärts auch zu fahren.
Pferde es wohl waren,

nicht unbedingt die Reiter,
die trieben sie nur weiter,
die haben sie gezogen,
die Zill'n der Scheibenbogen.

Den Fuhrlohn hat er eingetrieben
und sich am Grafen sehr gerieben,
der Lohn sei wohl zu hoch gewesen,
da gab er ihm den Brief zu lesen,

mit dem der Fürst ihn hat ermächtigt,
falls er von irgendwem verdächtigt,
vielleicht gar Wucher zu betreiben,
den Lohn genau – so – einzutreiben.

Er befördert jetzt die Waren,
schon seit vielen, vielen Jahren,
ein Unglück ist nicht oft passiert,
weil die Schiffer sehr versiert.

Doch einmal war's, die Well' war hoch,
da fiel das Boot wie in ein Loch
und es versank die Zille,
es war wohl Gottes Wille.

Fünf, und es war'n gute Leute,
wurden da des Stromes Beute,
er hat es nie vergessen,
und dann infolge dessen,

auf manche Fahrt verzichtet,
wenn man ihm hat berichtet,
dass es gefährlich werden tät,
wenn er auf eine Fahrt besteht.

Oft führte er auch Truppen,
meist schlimme Reisegruppen,
sie spielten sich als Herren auf
und machten gerne einen drauf.

Eine Zille ist gesunken,
weil Soldaten, die betrunken,
den Steuermann verletzt
und niemand wusste jetzt,

wie man den Strom befährt,
damit es nicht verkehrt,
das Boot, das war jetzt führerlos,
das fand keiner mehr famos.

Ein Strudel hat das Boot ergriffen
und wie bei allen andern Schiffen
zuerst im Kreis und dann ganz schnell,
so macht es jede Donauwell'.

Hinunter mit dem Bug zum Grunde,
ein Weh und Ach aus aller Munde,
diesmal waren es noch mehr der Toten,
der Scheibenbogen erfuhr's von Boten.

Es gäb auch Gutes zu berichten,
so schlecht war es ja wohl mitnichten,
denn meistens ging ja alles gut,
man fand richtig, was er tut.

Und er machte auch Gewinn,
so kam's auch keinem in den Sinn,
mal was andres zu probieren
und sich dann auch zu blamieren.

Für drei der Generationen
sollte sich es dann auch lohnen,
bei der Fahrerei zu bleiben,
„was anders wär wie Bogenscheiben",

so pflegte der Dritte oft zu sagen,
wenn man ihn wollte fragen,
ob er das Fahren gerne hätt,
vielleicht auch andres gerne tät.

Dem Vierten fiel was andres ein,
ein Händler wollte der dann sein,
Bürgermeister wurd er dann,
und man sah auch bald, dass er das kann.

Was hat ihn wohl bewogen,
den letzten Scheibenbogen
zu lassen von den Wogen,
sie hab'n zwar nicht betrogen,

ihn niemals angelogen,
die wilden Donauwogen,
doch runter sie gezogen
so manchen Scheibenbogen.

Reimwerk über Georg von Peuerbach
1423 bis 1461

Georg von Peuerbach (kein Adelstitel, nur Bezug auf seinen Herkunftsort), ein meiner Ansicht nach zu Unrecht nicht allzu bekannter Gelehrter des 15. Jahrhunderts.

Es war vor langer Zeit in Wien,
da war ein Kaiser, wie es schien,
den ärgerte im Nachbarland
ein Volk und das war allerhand.

Er wollte dieses Volk besiegen
und sie ganz sicher unterkriegen,
die Sterne wollte er befragen,
um den Feind im Kampf zu schlagen.

Es sagt zum Schurli: „Komm herbei,
ansonsten wirst du vogelfrei."
Der Georg jedoch dacht bei sich,
warum ruft er gerade mich,

ich bin doch Mathematikus
und deut wed' Mars noch Venerus.
Doch war er braver Untertan
und deutete die Sterne dann.

Er sagte nun: „Der Mars ist nah,
so wäre es wohl vorstellbar,
zu besiegen diese Leute",
und riet zum Angriff jetzt und heute.

Der Nachbar, den man nun bekriegt,
der war wirklich rasch besiegt,
Peuerbach war nun Gelehrter,
zu seiner Zeit ein hoch verehrter.

Berechnete Planetenbahnen
und begann manches schon zu ahnen,
was brachte erst Kopernikus
zu einem wirklich guten Schluss.

Er brachte Sonnenuhren an,
selbst am Stephansdome dann,
sodass man leichter konnte sagen,
welche Stunde hat's geschlagen.

Leider musste er früh sterben,
doch Große konnten von ihm erben,
was er schon hatte angedacht,
so hat er der Menschheit was gebracht.

Während eines Urlaubs in Südtirol in der Nähe des Rosengartens, einem Gebirgszug östlich von Bozen, der für sein Alpenglühen berühmt ist, habe ich von der Sage um den Zwergenkönig Laurin gehört. Davon inspiriert sind folgende Zeilen entstanden, die nicht ganz der Sage entsprechen und vor allen Dingen den Grund, warum die Ritter ins Hochgebirge zum Zwergenkönig gezogen sind, außer Acht lassen.

Rosengarten

Langsam geht der Tag zu Ende,
Berge strahl'n im Abendlicht,
glühend rot sind jetzt die Wände,
ein richt'ges Wort, das find ich nicht.

Die Sage spricht von einem Zwerge,
Laurin, der hier einst gelebt,
er war König dieser Berge,
vor seiner Stimme man erbebt.

Er pflegte einen Garten,
voller Rosen, voller Pracht,
hat gezüchtet neue Arten
und gab auf sie auch immer Acht.

Eines Tages kamen Recken,
wollten Böses diesem Zwerg,
und so stiegen diese Kecken
ganz hinauf auf diesen Berg.

Die Ritter waren wohl zu warnen,
denn Laurin war nicht nur sehr stark,
besaß auch eine Kapp zum Tarnen,
war auch vollkommen autark.

Doch als er lief durch seinen Garten,
stieß er an den Halmen an
und die Ritter, diese harten,
bezwangen König Laurin dann.

So verfluchte er den Garten,
weder tags noch in der Nacht
bräuchte jemand noch zu warten,
um zu sehen diese Pracht.

Doch hat die Dämmerung vergessen
König Laurins böser Fluch
und so sind die Leut bis heut versessen,
zu staunen, wenn sich hebt das Tuch.

Denn im abendlichen Lichte
sieht man sie noch immer strahlen,
all die Rosen dieser Wichte,
schöner könnt sie keiner malen.

Zur Abwechslung etwas Unsinniges:

Ungeheuer

In einer Zeit ganz lang vor heuer,
da gab es große Ungeheuer.

Im ganzen Mesozoikum,
da liefen sie wie wild herum,

doch später sind sie ausgestorben
und sind verwest und auch verdorben.

Ich nenn sie gar nicht erst beim Namen,
um nicht zu ängstigen die Damen.

Nein, es waren keine Drachen,
die gab's doch nie – das ist zum Lachen.

Schöpfung

Am Beginne aller Zeiten,
gab's im All noch keine Weiten
und dann kam der große Knall,
durch den entstanden ist das All.

Und da gab es plötzlich Sterne
zuerst nur nahe, dann auch ferne
und sie rasten weiter fort,
weg von ihrem Ursprungsort.

Ihm war es vielleicht dann Leid,
immer diese Einsamkeit
und so schuf er Lebewesen,
die denken können und auch lesen.

4. Beobachtungen

Ein Herbstgedicht

Ein gelbes Blatt auf einer Fichte?
Betrachtet man's bei rechtem Lichte,
stellt sich die Frage mit Verlaub:
Woher kommt denn dieses Laub?

Wurde es von einer Taube
hergebracht nach einem Raube,
oder stammt's von jener Linde,
die dort steht zerzaust im Winde?

Jedenfalls ob gelb, ob braun,
würde ich nicht darauf bau'n,
dass dies herbstlich schöne Blatt,
die Fichte selbst geboren hat.

Privatparkplatz

Wer hier parkt, der wird gebracht
vors Gericht und abgestraft,
wer's nicht glaubt und drüber lacht
kommt auch gleich dann noch in Haft.

Denn der Parkplatz, der ist meiner,
da steh nur ich, ansonsten keiner,
ich werde bös, wenn's doch wer tut,
darum seid nur auf der Hut.

Windräder

Auf den Wiesen und in Auen
tun sie Windräder anbauen,
die wachsen dort dann hoch hinauf,
es gibt sie wirklich ganz zuhauf.

Umweltfreundlich sind die Räder,
das glaub ich, weiß fast ein jeder,
dennoch sind viele sehr dagegen,
du fragst mich jetzt gleich wohl weswegen.

Die Gegner sagen dazu nur,
die verschandeln die Natur,
sie passen nicht in unser Land
und das ist schließlich allerhand.

Notwendig sind ja die Kraftwerke
und das wohl mit voller Stärke,
sie erzeugen unsern Strom,
Widerstand bemisst man mit Ohm.

Im Ruhestand

Ich arbeitete beim Amte,
bis meine Kraft erlahmte,
da war ich irgend so ein Rat,
der was er konnte auch dann tat.

Jetzt bin ich im Ruhestand,
arbeit' nicht mehr für das Land.

Pensionisten, Ruheständler
sind ja auch nicht länger Pendler
und so bleib ich jetzt zu Haus,
ich hoffe nur, das wird kein Graus.

Früher gab es auch Rentiere,
doch das reimt sich nicht auf viere,
weil man es französisch spricht,
sind es keine Tiere nicht.

Winter

Frau Holle hat uns Schnee geschickt,
er fällt in dicken Flocken,
so früh man selten ihn erblickt,
mein Herz, das will frohlocken.

Sitz ich im warmen Zimmer
und schau ins Abenddämmerlicht,
gefällt es mir ja immer:
das Werden dieser weißen Schicht.

Beruhigend wirkt die weiße Pracht,
der Schnee deckt alles zu,
Frau Holle hat sie uns gebracht,
auch ich komm jetzt zur Ruh.

Räumfahrzeuge sind ausgerückt,
sie räumen jetzt die Straßen,
während die einen noch entzückt,
können's andre gar nicht fassen.

Ein trüber Morgen graut heran,
es schneit noch immer weiter,
der Druck auf Dächer, der steigt an,
ich hol mir eine Leiter.

Zu schaufeln gilt es jetzt am Dach,
der Druck wird sonst zu groß,
jetzt ist es plötzlich Ungemach,
was Schlimmes ist jetzt los.

Der Ort ist jetzt schon tief verschneit,
ein Ast bricht ab vom Baum,
es wäre langsam an der Zeit,
zu halten ihn im Zaum.

Jetzt ist das Dach doch eingestürzt,
vorbei ist's mit der Ruh,
man ist jetzt wirklich ganz bestürzt,
der Schnee deckt alles zu.

Der Kranich

Den Kran von Weitem sah ich,
weit entfernt das war ich,
dazwischen waren Bäume
und wohl auch Zwischenräume,
mein Blick war ungehindert,
von nichts irgend vermindert.

Er hob ganz schwere Lasten,
war schlank, doch nicht vom Fasten,
und oben saßen Krähen,
die konnte ich gut sehen,
so bewunderte den Kran ich,
denn drüber flog – ein Kranich.

Der Aal

Der Aal, der war im hellen Grün,
schien wie gefangen
unterm Alpenglüh'n,
nach oben wollte er gelangen,
unzweifelhaft war sein Bemüh'n,
doch Laute nicht nach draußen drangen.

Denn das Wasser in dem Fluss,
das war stark und wirklich rege,
wusste selbst, wohin es muss,
denn nach unten führ'n die Wege.

Und so blieb dem kleinen Aal,
dem es an der Kraft gebrach,
letztlich keine andre Wahl,
als der Gewalt zu geben nach.

Und so hieß es umzukehren
und es trieb ihn rasch hinunter,
nein, er konnte sich nicht wehren,
denn der Fluss, der war sehr munter.

Advent

Wenn die ersten Flocken fallen
und vom Punsch die Leute lallen,
wenn das Würstl brät am Rost,
man zum Glühen bringt den Most,

wenn die Leut Geschäfte stürmen,
obwohl sich schon die Schulden türmen,
man Geschenke sucht vergebens,
wegen allem macht Aufhebens,

wenn in der Stadt dann alles rennt,
wirklich wahr – dann ist Advent.

Eine Klientin sitzt auf einem der Sessel am Gang eines Institutes. Die Isabella tritt aus ihrem Zimmer und fragt sie, wie sie heißt. Die Angesprochene springt in die Höhe, reißt die Hände vor die Brust und flötet ihren Namen. Sie nimmt dabei eine Haltung ein, die man sonst nur von Erdmännchen kennt. Dabei strahlt sie über das ganze Gesicht. Irgendwie hat man den Eindruck, sie ist wahnsinnig stolz auf ihren Namen. Die Isabella fragt allerdings vollkommen unbeeindruckt: „Haben Sie einen Termin? Ich habe viele Kunden, sie müssen immer vorher anrufen." Sichtlich enttäuscht setzt sich die Kundin wieder. Die Isabella verschwindet wieder in ihrem Zimmer und lässt die Frau alleine. Meiner Meinung nach hätte sie der Dame nur sagen müssen, welch schönen Namen sie hat und sie wäre glücklich nach Hause gegangen, ohne noch irgendetwas zu wollen.

5. Einfälle

Ich habe mich gesucht,
ich hab nicht gefunden,
die Reise war gebucht,
umsonst mich so geschunden.

Die Schwalbe

Ich wollte einmal Schwalbe sein
und wäre ich dann auch ganz klein,
allein ich könnte fliegen,
geg'n andre Vögel siegen,

ich wär ja dann besonders schnell
und flöge noch so lang es hell
bis spät am Juniabend,
mich an den Mücken labend.

Doch denke ich jetzt doch bei mir,
statt Mücken trink ich lieber Bier,
denn wär ich eine Schwalbe,
ich tränke keine Halbe.

Die Schwalbe 2

Der Stürmer, der gefoult war kaum,
fiel hinein in den Strafraum,
der Schiri, der lief schnell herbei
und meint, dass dies 'ne Schwalbe sei.

Er zeigte ihm dann auch die Karte,
der Spieler dachte sich: „Na warte,
ich sehe keine Schwalbe hier,
was meint er mit dem Flattertier?"

Und der Stürmer gar nicht feige,
dem Schiri dann auch wirklich zeigte,
wo da dieser Vogel ist,
was der lange nicht vergisst,

denn der Schiri schickt ihn raus,
das Spiel ist für den Stürmer aus,
der meint, das wäre ungerecht,
denn die Schwalbe war nicht echt.

So ist am Fußballplatz sogar
die Vogelkunde anwendbar,
die Moral aus der Geschichte:
dich nicht nach solchen Schwalben richte.

Was sonst noch über Fußball zu sagen ist:

Der Maradona war gescheiter,
er stieß den Ball mit der Hand weiter,
es war ein Tor und alle jubeln,
der Schiri wird noch lange strubeln.

Fuassboi

Bsundas is da Fuassboi wichti,
drum gfrein ma uns ja a scho richti
waun am Saumstog is a Spü,
des is des, wos i so wü.

Do kema wida olle zaum
und wern bestimmt a Gaudi haum,
trinka wern ma a a Bia
und schrein dama so laut es wia.

Ob's a Faul is oda Toa
des is jo oiwei sonnenkloa,
di unsan san die Bessan bstimmt,
das ma koana mit was aundan kimmt.

Di aundan die haum scho a Glick,
des woa a gaunz, gaunz übla Trick,
des Toa des deafat goa net zöhn,
oba da Schüdsrichta losts göhn.

Jetzt pfeifft a glei den unsan zruck,
woascheinli mochans zu vü Druck,
und jetzt, jetzt losst sie dea do foiln,
im Strofraum des tat eam so gfoin.

Da Schüdsrichta wos tuat den dea,
der geht zum Öfapunkt do hea,
jetzt deafns a an Öfa schiassn,
den's erst amoi verwaundln miassn.

Jetzt is a drin, des woa jo kloar,
des is die Sauarei vom Joa,
nui zwa stehts jetzt,
und glei is goa,
des Spü is gschobn, so I s hoit moa.

Frustkauf

Ob er sich heut selber mag,
es ist für ihn ein schlechter Tag.

Nicht weil er nicht erfolgreich war,
das ist er jeden Tag im Jahr.

Er ist allein – hat keine Freud.
Er hat schon manches längst bereut.

Dann denkt er still und nur bei sich:
„Das ist doch wirklich fürchterlich.

Was hab ich von den Lebenstagen,
wenn mich nur Bilanzen plagen?

Ich kauf mir eine Segeljacht
und gebe auf mein Geld nicht Acht.

Die zahl ich aus der Portokasse,
weil ich bin reicher als die Masse."

Geisterstunde

Es war gerad' um Mitternacht,
da bin ich plötzlich aufgewacht,
vor mir stand ein kleiner Geist,
der mich in das Programm einweist.

„Gespenster, Geister und Dämonen
ab jetzt in deinem Zimmer wohnen",
so spricht der kleine Geist zu mir,
und wahr ist's, ja – das sag ich dir.

Sie machen wirklich höllisch Krach,
sie schreien *Weh*, sie schreien *Ach*,
sie sind 'ne wirklich muntre Schar
und irgendwie recht sonderbar.

Gespenster necken die Dämonen,
die jetzt auf meinem Kasten thronen,
die Geister huschen still vorbei,
das ist mir gar nicht einerlei.

Dämonen, die erschrecken mich,
sie sind ja wirklich fürchterlich,
fast brav ist nur der kleine Geist,
verhält er sich doch ruhig zumeist.

Und dann mit einem lauten Schrei
war der ganze Spuk vorbei,
ich sah auf meine Armbanduhr,
es war eine einz'ge Stunde nur.

Der Brocken

Keine Hexen mehr im Harz,
zumindest keine mehr, die schwarz,
früher gab es sie zuhauf,
flogen auf den Blocksberg rauf.

War'n mit dem Teufel auch im Bunde,
zumindest sagt es so die Kunde,
niemand war dort rauf zu locken
auf den Blocksberg, heute Brocken.

J u p i t e r

Es trank dereinst der Jupiter
vom Wein allein ganz viel Liter,
er schwankte hin, er schwankte her
und fiel gar bald herab ins Meer,
als Gott, der er doch damals war,
erholte er sich übers Jahr

und stieg hinauf als Göttervater
und steht jetzt hoch überm Äquater,
dort leicht er jetzt mit sein Laterndl,
is a Planet unter die Sterndl.

Mein Telefon

Was ist denn das für Telefon,
warum läuft es nicht davon,
es steht nur da und läutet nicht,
es leucht' auch überhaupt kein Licht.

Was ist das für ein Telefon,
was hat es für 'ne Funktion.

Es steht in meinem Zimmer rum,
und keiner kümmert sich darum.

Es läut' und läut' und läut' halt nicht,
vielleicht gehört es hergericht',
ich glaub es ist wahrscheinlich hin,
mir kommt nichts andres in den Sinn.

Am nächsten Morgen dann um acht,
da ist es plötzlich aufgewacht,
hat geläutet und geschellt,
der große Hund hat auch gebellt.

Es dauerte bis neun Uhr zehn,
dann konnte ich es endlich sehn,
es war der Wecker, der da schellte,
und der Nachbarhund, der bellte.

Das Telefon stand stumm und starr,
gab keinen Laut – wie wunderbar.

Wir Odensänger

Wir singen hehre Oden
auf unsren Teppichboden,
denn dort versickert unser Wein,
betrunken werd'n die Milben sein.

Egal, ob roter oder gelber,
getrunken hätt' ich ihn gern selber.

6. Gedanken

Vom Schweinehund

Anrede:
Ich sage dir, du Schweinehund:
„Ich bin faul." Du sagst: „Na und?"

Warnung:
Besiege diesen Schweinehund,
sonst wirst auch du noch kugelrund.

Loblied:
Schweinehund, du netter,
du meinst es gut mit mir,
du willst nur, dass ich fetter
und das ich nicht trainier.

Trainieren ist anstrengend,
das hast du längst erkannt,
drum siehst du mich rumhängend,
ich bin mit dir verwandt.

Resümee:
Ich möchte es ja recht dir machen,
doch irgendwie ist's nicht zum Lachen,
ich werde dich anbinden,
mich selber überwinden.

Die Völkerwanderung

Niemand ist zu Haus geblieben,
alle hat es fortgetrieben,
zogen über Berg und Tal,
weit – das war es alle Mal,

fielen ein in Ländern, Städten,
wenn wir alle das so täten,
zogen über Feld und Wiesen,
was sie da wohl zurückließen,

beliebt das waren sie nur selten,
in den fernen fremden Welten,
alle trugen sie Sandalen
und man nannte sie Vandalen.

Anders ist das jedoch heute,
sind doch meistens arme Leute,

von Fanatikern gehasst,
verfolgt und dann auch fortgetrieben,
wurde der Entschluss gefasst,
zu verlassen ihre Lieben,
die ja dort zurückgeblieben.

Ja, die traf ein Schicksalsschlag,
den man niemand wünschen mag,
so sind sie zu uns gekommen,
hoffend, dass sie aufgenommen.

Der Moajäger

Der Jäger M mit dem Gewehr,
der jagt das Wild mal hin mal her,
er hält nicht viel von der Tierhege,
schon gar nichts von so was wie Pflege.

Stolz ist er auf den großen Eber,
mir scheint, er ist ein richt'ger Streber.
In Polen geht er auf die Pirsch,
erlegt dort gleich den größten Hirsch.

Doch auch dem Großwild wie dem Bären
in Russland will er zu sich kehren,
in Afrika der Elefant
allein leistet noch Widerstand.

Doch auch der Strauß ist schon erlegt,
was ihn hat wirklich sehr erregt,
im fernen **Aotearoa**★
erschoss er dann den letzten **Moa**★.

★*Aotearoa ist der Name von Neuseeland bei den dortigen Eingeborenen. Der Moa ist ein vor mehr als 300 Jahren ausgestorbener in Neuseeland beheimatet gewesener Großvogel. Kein Weißer hat je einen Moa gesehen, weshalb wohl auch der Jäger M keinen mehr erlegt haben wird.*

Der Wilderer

Der Wilderer mit seinem Stutzen,
der schießt das Wild zu seinem Nutzen,
der Jäger sieht's vom Hochsitz aus
und macht ihm dann auch den Garaus.
So ging es auch dem Jennerwein★
und tot war der dann obendrein.

★*bayrischer Wildschütz*

Klimawandel

Was kann uns die Zukunft bringen,
was wird den Menschen noch gelingen,
ums Klima soll es hier jetzt gehen,
ob wir den Wandel überstehen,
in welche Richtung es auch geht,
einen Preis für den, der das versteht.

Wenn die Pole abgeschmolzen,
gehören die dann zu den Stolzen,
die es schon heut vorausgesagt,
auch wenn alle dann verzagt,
weil die Küsten überflutet,
zu viel der Erde zugemutet?

Oder wird es vielleicht kälter,
da die Sonne, weil sie älter
zwischendurch verschnaufen muss,
und das obwohl es ein Verdruss,
wär doch verständlich oder nicht,
immerhin bleibt es ja Licht.

Aber die meisten der Gelehrten
verfolgen doch ganz andre Fährten,
die meinen wohl es wird bald wärmer,
Hitze – macht uns die nicht ärmer?

Schau'n wir doch in warme Zonen,
wo viele arme Menschen wohnen,
ja, das Leben ist dort schwer,
weil Wasser fehlt und manches mehr.

Die Hitze sind wir nicht gewohnt,
drum glaub ich doch, dass es sich lohnt,
auf die Umwelt so zu achten,
sodass wir nicht ein Mal verschmachten.

Hängematte

„Es soll dir einmal besser geh'n",
mein Vater gab's mir zu verstehen,
in der Schule lerne fleißig,
und warte nicht bist du erst dreißig.

An alle Bewohner hier auf Erden,
in Zukunft wird es schwerer werden.

Wenn Maschinen alles machen,
haben viele nichts zu lachen,
weil dann man keine Arbeit kriegt
und in der Hängematte liegt.

Woher soll man das Geld bekommen,
das man braucht, um auszukommen,
werden's die, die uns dann lenken,
vielleicht gar an uns verschenken.

Wird man dann zufrieden sein,
wenn man trinkt sein Gläschen Wein,
das man nicht verdient sich hat,
wird man dann nicht träg und matt.

Doch ich glaub das wird's nicht spielen,
sind es doch die wirklich Vielen,
die man zu beschenken hätte,
wer das für die dann wohl auch täte.

Ja, es wird schon manche geben,
die sich freuen an ihrem Leben,
die, die tüchtig war'n beim Lernen
können greifen zu den Sternen.

Den anderen, dem die Bildung fehlt,
in Zukunft mehr die Armut quält,
weil gerade dem – und das bestimmt –
die neue Technik Chancen nimmt.

Science-Fiction

Gibt's im Weltall draußen Wesen,
die wie wir auch können lesen,
manche stellen sich diese Frage,
noch ist niemand in der Lage,

darauf Antworten zu finden.
Die Forscher wollen sich nicht binden
und sagen noch „Wir wissen's nicht",
doch die Zukunft bringt's ans Licht.

Doch ich nehme es mal an,
ich als Reimer das ja kann,
soll es diese Wesen geben,
die bei fernen Sternen leben.

Einer sieht dann unsere Sonne,
denkt bei sich mit großer Wonne,
um diesen mittelgroßen Stern,
der uns ist gar nicht zu fern,

könnten auch Planeten kreisen,
wir sollten einmal dorthin reisen,
doch es fällt auch ihnen schwer,
zu kommen bis zur Erde her.

In Wirklichkeit ist es doch weit
und so braucht man sehr viel Zeit,
man hat die Menschen nun entdeckt
und fand sie zunächst aufgeweckt,

doch bei näherer Betrachtung
verlor man doch dann rasch die Achtung.

Die sind genauso wie wir waren
vor wirklich vielen, vielen Jahren,
die denken nur an Zank und Krieg
und zählen tut dann nur der Sieg.

Sie dachten dann „Die sollen wir meiden,
das bringt bestimmt auch uns nur Leiden",
so drehten sie dann wieder um,
für uns da bleiben sie ganz stumm.

7. Junge Leute

Das Büblein

An dem Bach ein Büblein stand,
welches keine Brücke fand,
deshalb ging es auf und nieder
und das schon lang und immer wieder

Drüben war das Mädelein,
welches liebte er allein,
und er sah die roten Wangen
und die Haare, die ganz langen.

Und so stieg das Büblein, ach,
dann hinein in diesen Bach,
war der Bach doch wilde sehr,
wollt' er doch ganz schnell zum Meer.

Doch der Knabe wollt zum Mädl,
so zerbrach er sich den Schädel,
sah am Baum dann diesen Ast,
den er irgendwie erfasst,

zog sich raus – und dann an Lande,
an des Mägdeleins Gewande
und so waren sie vereint,
zunächst glücklich, wie mir scheint.

Unbekannter Reimer, vermutlich Michl Maringer, der Älteste (1560 bis 1615), angeblich verfasst um das Jahr 1576.

Der Riese

Es war einmal ein Riese,
der ging auf eine Wiese,
seine Gedanken waren miese
und da sah er dann die Liese.

Da dachte sich der Riese:
„Wie sehr gefällt mir diese,
wenn ich sie jetzt doch stieße,
dann läg sie da, die Liese."

Doch wenn der Kurti Riese
in Wahrheit nur so hieße,
zwei Kinder auf der Wiese,
der Kurti und die Liese.

Stefan
ein damals vielleicht fünf Jahre alter Knabe

Der Stefan am Computer sitzt,
der Bernhard schon vor Kummer schwitzt,
mit Filzstiften grün, blau und rot
der Klein' den Bildschirm jetzt bedroht.

Kaum hat man ihm sie abgenommen,
hat er den Schreibtisch schon erklommen,
mit seinen Fingern klein und fein
hämmert er jetzt auf das Kastl ein.

Wie wild schlägt er auf viele Tasten,
besonders geht's dem „e" zulasten,
das geht nun nicht mehr ganz heraus,
so greift der Stefan jetzt zur Maus.

Das „e", das steckt jetzt leider fest,
der Stefan gibt ihm nun den Rest,
denn flugs hat er's herausgerissen,
der Besitzer wird's noch gar nicht wissen.

Die Tasten, die sind langsam out,
der Stefan nach was andrem schaut,
er sieht den Pepi und denkt sich schlicht:
„Der Pepi, der gefällt mir nicht."

Und weil er kommt nicht zum Gesicht,
so schlägt ihn dieser kleine Wicht
auf Rücken, Beine und den Bauch,
manchmal auf die Arme auch.

Des Bernhards Kommen er nun ahnte,
der Rübezahl, der ihn oftmals mahnte,
die Tür flog zu zur rechten Zeit
vor Bernhards Nase gar nicht weit.

Der Kleine nun herinnen stand,
der Große doch noch Einlass fand,
der Bernhard grimm'ge Worte spricht,
doch den Kleinen rühr'n sie nicht.

8. Persönliches

Meine Dorli

Die Dorli mit den blonden Haaren,
heut und schon vor vielen Jahren,
schon als Kind da war sie nur
interessiert an der Natur.

Blumen, Vögel und die Bäume
und im Bettchen süße Träume,
es zieht sie auch in große Ferne,
schaut auch gerne in die Sterne,

die sie auch sogleich erkennt
und wohl auch dann beim Namen nennt,
liest von Seefahrern, Verweg'nen,
sollte es mal draußen regnen,

bereist auch gerne selbst die Welt
und da reut sie auch kein Geld,
das tat sie mit den Eltern schon,
gern erzählte sie auch davon.

Geschafft sind alle Kontinente
und das schon lange vor der Rente.

Besteigt seit Neuestem auch Berge,
vielleicht sind es ja eher Zwerge,
doch man kommt auch da ins Schwitzen,
froh ist sie, wenn's wird zum Sitzen.

Auf den Almen, da ist Ruh,
nur die Kuh macht vielleicht *Muh*,
freut sich über's Murmeltier
und bespricht das auch mit mir.

Man blickt dann weit ins Tal hinunter
und fühlt sich nicht mehr wirklich munter,
es ist zwar sicher schön dort oben,
doch sollte man sich erst dann loben,

wenn man mit wirklich großem Glück
von der Wanderung zurück.
Doch kaum hat Dorli das erreicht,
glaubt sie schon, das war ganz leicht,

und bei Kaffee mit Crema
ist die Wanderkarte Thema,
heckt sie wieder Neues aus,
denn schon wieder will sie raus.

Der Grundl- und der Attersee,
vielleicht ein Berg ganz in der Näh',
doch der Michi, der meint nur:
„Hab genug von der Natur."

Da mein Chef und natürlich auch ich Verwaltungsbeamte waren, hatten wir Entscheidungen zu treffen, die manchmal auch vom Verwaltungs- oder auch Verfassungsgerichtshof überprüft wurden. Diese Gerichtshöfe entschieden mit Erkenntnissen und in juristischen Schriften verwendete man zumindest früher oft die Formulierung „Im Lichte des Verwaltungsgerichtshoferkenntnisses".

Und so steht er gern im Lichte

Unser Boss, der ist schon längst geboren,
er war vor langer **Zeit*** ein Kind,
jetzt ist zum Chef er uns erkoren
und wir seine Mitarbeiter sind.

Doch wollen wir von vorn beginnen,
doch nicht an alles uns besinnen,
so etwas führt uns schnell zu weit
und da fehlt dann auch die Zeit.

Studiert hat er von Vaters Gnaden
in Wien und Heidelberg Juristerei,
vergeblich richtete man seine Waden,
er blieb doch bei der Schelmerei.

Unser Chef spricht gern und gut
und es fehlt ihm nie der Mut,
laut vor Leuten zu parlieren,
solchen Wettstreit will er nie verlieren.

Nicht nur im Reden ist er groß,
auch im Schreiben ganz famos,
mit ganz, ganz feiner Feder
trifft er gut, das sieht ein jeder.

Ich will auch gar nicht erst verschweigen,
dass er auch ein Sänger ist,
und er singt nicht nur zum Reigen,
nein, sodass es keiner mehr vergisst.

Und so steht er gern im Lichte,
wenn's nicht leucht' von dem Gerichte,
das Erkenntnisse ersinnt
und er dort dann nicht gewinnt.

Nur beim Wein, da weiß er nicht,
wie man diesen recht bespricht,
sagt nichts über Blume, Abgang,
ob gereift auf einem Südhang,

schmeckt nichts vom guten Pfirsichton,
zumindest sagt er nichts davon,
nein, er muss vom Denk nur sein,
dann ist es ein guter Wein.

Fällt dann auf in feinen Kreisen,
wo man Wein trinkt zu den Speisen
und bespricht auch gern denselben,
ob den roten oder gelben.

Fährt auch gern in die Wachau,
weil der Wind dort bläst nicht rau,
wo auf sonndurchflut'nen Hängen
sich die Buschenschanken drängen.

Wo die Gattin gerne **liest***
und Wein sich in das Glas ergießt,
wo die Winzer bei den Reben
nur nach höchster Güte streben.

Besteigt er in den Wanderschuhen
dann die steil' Buschantlwand,
lässt ihn die Gattin nicht mehr ruhen,
bis sie beide sind am Sand.

Gerne fährt er auch nach Ungarn,
dort muss er ganz bestimmt nicht hungern,
weil dort auch die Rosi ist,
die aufs Essen nie vergisst.

Doch kehren wir nach Grein zurück,
wenn er zu der Gattin Glück
mit seinem Boot befährt den Fluss,
obwohl er das doch gar nicht muss.

Er fährt sie durch den Strudengau,
Stromschnellen umfährt er schlau,
weil er sie auch alle kennt
und sie sie dann beim Namen nennt.

Und zieht ihn mal ein Strudel runter,
der Chef, der bleibt stets froh und munter,
die Rettung ist noch stets gelungen,
die nasse Kleidung ausgewrungen.

Also bleibt die Urne leer,
die er huldigt wirklich sehr,
er sagt, das käm' vom Wiener Blut,
bleib lang noch so, dann ist es gut.

„Wein liest" – Sie liest bestimmt auch Bücher, aber hier geht's um Wein.

9. Wildes

Das Gefecht

Vier Herren sitzen nun im Kreise,
die einen stark, die andern weise,

so wollen sie die Kräfte messen,
zunächst wohl nur bei einem Essen,

doch bald schon fliegen Worte
und schließlich auch noch eine Torte,

der eine rüst' zum Wortgefechte
und sieht nicht kommen eine Rechte,

die wirft ihn aber gänzlich um,
der Mund, der reden wollt, bleibt stumm,

er wollt ihm doch noch so viel sagen,
zum Beispiel, dass er ihn beim Kragen

hinauswirft aus dem trauten Zimmer,
doch jetzt weiß er das wirklich nimmer,

so siegte doch die roh' Gewalt,
ganz früher war's so, mein ich halt.

Der Bösewicht

Er ist ein Wicht, ein böser Wicht,
man sieht ihn nicht, bei hellem Licht,
gut ist es nicht, wenn er dann spricht,
weil er so riecht, aus sei'm Gesicht,
grad geht er nicht, weil er hat Gicht,
doch halte dicht und sag es nicht,
denn ich weiß nicht, ob er dich nicht
sogleich ersticht, der Bösewicht.

Arges

Acht alte asiatische Alchemisten ahnten alles am Anfang,
Aktive Architekten arbeiteten achtsam an achtzehn azurenen Archen,
Aalglatte Advokaten argwöhnten allerdings anderes,
aber alles annullierten allumfassende Apokalypsen.

Heit is wia nia

Mia kummt fia,
heit is wia nia,

aunders is heit
des gspiarn, scho d'Leit,

d'Sun scheint zwoa sche,
s'Liacht tuat net weh,

doch d' Wölt is fremd,
hot au a Hemd,

des i net kenn,
nia hob' I' s nu gsehn,

es is a triab,
nix is mea liab,

vielleicht is jo aus,
mocht **oin*** in Garaus.

**oin = allem*

10. Schlusswort

Und das, das ist das letzte Blatt,
das dieses Büchlein jetzt noch hat,
jetzt kommt auch wirklich gar nichts mehr,
so mancher sagt „Das freut mich sehr."

Der Autor

Der Autor Michael Johannes Mahringer wurde 1954 im oberösterreichischen Linz geboren und war als Beamter der oberösterreichischen Landesregierung im Bereich Staatsbürgerschaft und Personenstandswesen tätig. Im Jahr 2003 heiratete er seine Dorothea. Seit 1. 9. 2014 befindet er sich im Ruhestand.

Der Verlag

novum 🔸 VERLAG FÜR NEUAUTOREN

*Wer aufhört
besser zu werden,
hat aufgehört
gut zu sein!*

Basierend auf diesem Motto ist es dem novum Verlag ein Anliegen neue Manuskripte aufzuspüren, zu veröffentlichen und deren Autoren langfristig zu fördern. Mittlerweile gilt der 1997 gegründete und mehrfach prämierte Verlag als Spezialist für Neuautoren in Deutschland, Österreich und der Schweiz.

Für jedes neue Manuskript wird innerhalb weniger Wochen eine kostenfreie, unverbindliche Lektorats-Prüfung erstellt.

Weitere Informationen zum Verlag und
seinen Büchern finden Sie im Internet unter:

w w w . n o v u m v e r l a g . c o m